Retratos de muchas Infancias

Carmen Cecilia Díaz de Almeida

Web: www.carmenceciliadiazdealmeida.com
Ilustraciones: Artista Reynaldo Correa Díaz
Distribución Tel. 6563149 – 6550362 Piedecuesta
Primera Impresión: Impretécnicos, Colombia, 2020
Amazon, Estados Unidos, 2020

INTRODUCCIÓN

Revivir paso a paso las historias de infancias ajenas y propias, es lo máximo, es como refrescar el ambiente, cuando se ha corrido mucho y se ha sentido calor. Y si con estos relatos se logra iluminar otros senderos, aunque sea durante unos instantes, esos momentos se eternizarán en la multiplicación de opciones para crecer y simplificar los aconteceres y así prolongar las vidas con calidad y si conseguimos causar al menos una sonrisa, el mundo reirá con nosotros, ante ocurrencias tan limpias que la misma simplicidad magnificará con inocencia cualquier pensamiento, palabra o acción a la cual haga alusión esta obra.

Cuando los pasillos de la memoria se tiñen con el color de los recuerdos, se vuelve a vivir y estimular en todas las personas posibles, añoranzas diáfanas y bellísimas por lo inocentes, es maravilloso por cuanto en este momento histórico, la humanidad pide a gritos un tiempo de solaz, de verdad, descanso, alivio y plenitud. Y plenitud es magnificencia, apogeo, abundancia, armonía y confianza.

La obra "Retratos de muchas infancias" presenta el producto de un trabajo de campo, conseguido mediante el relato tomado directamente de boca de las personas que aparecen en el libro, con la debida autorización para citar sus nombres. Se hace énfasis en la sencillez, la transparencia y la inocencia que conllevan; es un valioso aporte para comprender algunas respuestas a nuestras raíces de identidad. Todo enmarcado dentro de la concepción de tiempos idos y ahora, más que nunca añorados.

Deseamos que este libro sea el comienzo de un gran foro en el cual, se cuenten y se proyecten esas bellas historias que se quedaron escondidas en el corazón de las familias, auténticos valores que servirán para afianzar lazos de unión, de sinceridad y de prosperidad, verdaderos ejemplos para el mundo.

PRÓLOGO

Mi esperanza es que esta obra constituya el reencuentro con lo mejor de su infancia y las de otras personas que en forma amable y desprevenida, aportaron sus transparentes experiencias de vida.

La infancia de todas las personas es un libro abierto hacia el futuro y ojalá sus huellas imperecederas en las vidas, escriban capítulos de bienaventuranzas para el universo.

Mi agradecimiento a todas las personas que facilitaron sus vivencias; a Judith Cecilia y a Néstor Eduardo, mis hijos, a Néstor Gonzalo mi esposo y a la vida porque me han enseñado mucho sobre el amor y la verdad.

La incubación de esta obra, fue a lo largo de las vidas a las cuales hacemos referencia y hoy, es el momento preciso para que vea la luz. Otorgo a Dios el mérito y el honor y con la mayor felicidad entrego la nueva obra, al amable lector.

Carmen Cecilia Díaz de Almeida

Los niños se van de compras

Judith y Germán tendrían cuatro años, eran vecinitos, se entendían de maravilla y les encantaba jugar. En muchas oportunidades desempeñaban el rol de mamá y de papá.

 En una espaciosa casa de pueblo, los niños jugaban durante días enteros, como pareja que salía de compras.

Con gran propiedad imitaban lo que veían hacer en sus hogares. Una salida a hacer mercado implicaba que todos estuvieran bañados, vestidos con ropa nueva, perfumados y acicalados. Germán, peinado, arreglado y listo con el dinero dispuesto (pedacitos de papel todos iguales, recortados a manera de billetes), Judith, un poco más demorada porque tenía que bañar el niño (un muñeco), cambiarlo, echarle loción para bebé, hacer la lista de encargos, bañarse, arreglarse, maquillarse, ponerse collares, calzar las zapatillas (de la mamá) y aprontar el canasto.

Cuando todo lo anterior estaba listo, ella en tono serio y por demás ceremonioso le decía a Germán:
-Mi amor, por favor, ponga el niño a orinar y orine usted también…
Cuando terminaba todo ese ajetreo, Germán le decía a Judith: -Mi amor, por favor, usted lleve el niño que

yo llevo el canasto y ahí mismo salían de compras. Iban por todas las habitaciones de la casa y luego pasaban por la cocina, cuando por fin terminaban de hacer el mercado.

Llegaban cansados. El niño era un muñeco, por supuesto de brazos y el niño también estaba acaloradito y con hambre, se le ofrecía tetero, entonces, era otro trajín... Calentar el agua, medir la leche klim, batir con molinillo hasta que el tetero tuviera la temperatura ideal y sentarse a dar de comer al bebé; sacar los gases al bebé y llevarlo a la cuna. Por fin, el niño dormido permitía hacer los oficios pendientes.

Luego, ambos, Germán y Judith organizaban en su respectivo lugar los artículos que habían comprado en el mercado.

A continuación, hacían la pantomima de cambiarse de ropas y de zapatos y seguían jugando.

Cuando los llamaban a tomar los alimentos (media mañana, onces, almuerzo o comida), a veces, se disculpaban: -Por favor, esperen un momento porque estamos muy ocupados.

"Para los niños si hay algo serio, son sus juegos".

Es gatico, es gatica, es gatica...

En una casa cercana, había una gata que tenía gaticos recién nacidos; una familia vecina llevó a los niños, pequeños (cuatro y tres años) para que pudieran ver esa maravilla. Pedro, el papá fue con ellos y luego del saludo muy formal de amigos, le manifestó a los dueños de casa que el objetivo de la visita era pedir que les permitieran ver a los gaticos. Los anfitriones, complacidos accedieron. Era todo un singular espectáculo, la mamá gata recostada en su cama y cuatro cachorros pegados mamando. Como había suficiente confianza entre las familias, Pedro les preguntó: -¿Me permiten coger los gaticos?
-Por supuesto, lo puede hacer.

Inmediatamente Pedro, cogió a los gaticos uno por uno, lo elevaba a la altura de los ojos, les miraba y decía: es gatica... Es gatico... Es gatica... Él estaba sexando a los gaticos.

Los niños ensimismados no comprendían y por fin, uno de ellos preguntó: -¿Papá, cada uno de los gaticos, tiene escrito ahí, qué es?
-Sí mi amor, cada uno de los gaticos tiene escrito ahí, qué es.

Los niños quedaron aparentemente satisfechos con la respuesta, sin embargo, el papá pudo haber explicado en forma objetiva y sencilla porque ahí, estaba a la vista el material natural didáctico...

Los dientecitos de leche ya habían cumplido su tiempo

Los dientecitos de leche de Gabriel ya habían cumplido su tiempo.

Ana María, la mamá, estuvo convenciendo a Gabriel para que fuera al odontólogo, asunto que resultó por demás difícil, además de que los dientes permanentes ya venían pidiendo su espacio porque de lo contrario se podrían presentar dificultades severas.

La mamá pidió al niño en muchas oportunidades que fuera con ella al odontólogo a extraerse los dientes y no había forma de convencerlo. Cierto día, Ana María ya muy preocupada por la demora, le dijo:
-"Hijito, si permite que le extraigan los dientecitos, los próximos le saldrán de oro", (antes exhibir algo de oro en los dientes, era muy bien visto).

Inmediatamente al niño se le iluminó la carita de felicidad y convino, no sin antes preguntar muchas veces: -¿De verdad me saldrán de oro?
-Sí, sí, decía la mamá y al tiempo disimulaba como mejor podía lo apremiante del momento y porque pensaba en la realidad que debía enfrentar luego, ante su pequeño hijo.

La extracción de los dientecitos fue muy fácil porque estaban flojitos; apenas se fueron camino a casa, Ana María, por consejo del odontólogo llevó al niño a comer helado y mientras esto ocurría, Gabriel iba muy feliz; pero cuando terminó el exquisito bocado, empezó la consabida serenata: -¿Y mis dientes de oro? Usted dijo que me saldrían inmediatamente...

La extracción de los dientecitos fue muy fácil porque estaban flojitos; apenas se fueron camino a casa, Ana María, por consejo del odontólogo llevó al niño a comer helado y mientras esto ocurría, Gabriel iba muy feliz; pero cuando terminó el exquisito bocado, empezó la consabida serenata: -¿Y mis dientes de oro? Usted dijo que me saldrían inmediatamente...

Fueron muchos los momentos en los cuales Ana María, explicó la circunstancia a su hijo, lo reconvino, le hizo juegos para distraer su atención, en fin, mil cosas...

Y fue pasando un tiempo y ya empezaron a salir unos preciosos dientes blanquísimos y el niño quedó totalmente decepcionado porque "él quería sus dientes de oro". Ana María bregó mucho para que el niño aceptara la realidad y bueno, Gabriel fue olvidando la idea de sus dientes de oro.

De esas ocurrencias, quedaron bellísimos recuerdos en la familia que ahora causan mucha risa y sobre todo dejan sabias enseñanzas y se valora cuánto trabajo, cuánto tiempo y hasta pequeñas engañifas de mamás, abuelas y niñeras para convencer a los niños obstinados en alguna idea...

"Y es mejor decir siempre la verdad a todos y a los niños con más razón".

El Estupendo malo

Carmen Cecilia, la hermana mayor, muy niña todavía, debía estar pendiente de sus hermanos menores; sí había niñera y por consiguiente, ella ayudaba mucho, sin embargo, la mamá responsabilizaba a Carmen Cecilia para que supervisara todo.

Los hermanos eran pequeños y a veces, Libardo y Gabriel no obedecían y cuanto más recomendaba la mamá, como no salir a la calle, no saltar sobre las camas, no subir a los árboles del solar, etc., a pesar de las sugerencias, poco o ningún caso hacían. Ante tanta necedad, Carmen Cecilia, ideó una forma para apaciguarlos, les relató un cuento de miedo que intituló: "El Estupendo malo"; según ella, era un monstruo inconcebible, horripilante que producía un fuerte ruido y que acudiría inmediatamente lo llamara y que vendría a tomar cuenta de los comportamientos nada recomendables de los niños. Ellos creyeron a pie juntillas y naturalmente, cuando los niños empezaban a buscar peligros como subir a los árboles, brincar sobre las camas, botar las almohadas, correr desenfrenados, etc., Carmen Cecilia les anunciaba, "llamaré al Estupendo malo" y como por arte de magia, se calmaban. En forma particular, Libardo tomaba tan en serio tal invocación que permanecía tranquilo durante un buen rato. Tal vez,

Libardo imaginaba horrores de ese espanto que todavía recuerda y afirma que se sobrecogía y era lógico...

Después de la vida, todos los hermanos ríen mucho de tales ocurrencias.

El candor del asombro

Néstor Eduardo y Judith Cecilia junto con los padres salieron de paseo al campo, en el fin de semana.

El programa ese día, era ir al río a recoger piedrecitas y hojas secas para hacer unos arreglos florales. La familia estuvo muy aplicada, escogieron piedras y hojas de distintos colores y tamaños. Néstor Eduardo encontró una flor de pasto, diminuta y le insistió a la mamá para que la observara detenidamente y por supuesto, ella atendió el llamado y acudió; pero no podía ver muy bien porque la flor era pequeñísima y cuando llegaron a la casa, buscaron una lupa para apreciar mejor tal milagro de la naturaleza; era una florecita como de dos milímetros, tenía pétalos, pistilo y unos filamentos como estambres brillantes, el centro de color anaranjado, rodeado de color blanco y toda ella afelpada, como si fuera de terciopelo.

El niño, con seguridad, desde el primer momento, sí la había visto en su dimensión. Naturalmente la flor maximizada por la lupa, permitió que la familia viera todo su esplendor y Néstor Eduardo lo manifestó:
-Yo se lo decía que la flor era hermosa... La puso en una tapita con agua y duró varios días, en los cuales le hicieron seguimiento.

El candor del asombro
ante las cosas raras,
es como el brillo limpio
del mármol de Carrara,
visto a través de un lampo
de luces nacaradas,
cuando fresco está el campo
y manos sonrosadas
atizan por instantes el momento
de asistir a esas citas anheladas.

¡Niños, huelen a zorrito!

La casa se sentía ruidosa. Los niños jugaban. Naturalmente corrían, gritaban, hacían rondas, conversaban, reían y estaban felices.

Cuando se sintieron cansados, fueron a tomar agua y como se le acercaron a la mamá, ella les dijo:
-Hijitos de tanto jugar, están empapados de sudor y perfumados, huelen a zorrito; desacalórense y a baño por favor!
-Dijo alguno de los niños:
-¿Mamá, usted ha olido a los zorritos?
-No, hijito, pero la abuela decía así, cuando los niños estaban sudorosos; con seguridad, ella sí conocía el olor a zorrito.

Entonces, ese día como estaban tan felices, por puro chiste, los niños, los unos con los otros se olisqueaban y decían:
-Sí Libardo, huele a zorrito, sí Gabriel, huele a zorrito... Y tal ocurrencia, los hizo caer de la risa...

En ese entretenimiento permanecieron durante un rato, al cabo del cual, se fueron a bañar.

De ahí en adelante, cada vez que los niños llegaban sudorosos, alguno decía, ¡"Oh llegaron perfumados, huelen a zorrito!...

Topo se perdió durante el día de la vacunación

Topo era un perro pequeño, peludo, crespo, chatico y pintado de blanco y negro. Llegó muy pequeño a ese hogar y fue acogido con total cariño; desde el primer día lo adoptó Judith, ella era su ama. Topo, tendría unos dos meses, por consiguiente, fue necesario acabar de criarlo con tetero; labor que asumió encantada su ama.

El perrito era muy cariñoso y le gustaba sobre manera que lo alzaran y lo consintieran; al momento se quedaba dormido plácidamente y tal vez soñaba porque emitía unos soniditos guturales como si quisiera ladrar...

Pasaron los meses y los años, ya era un perrito adulto y varias veces se escapó para la calle.

Cierto día, en horas de la tarde, llegó una vecina y contó:- Mañana, la Secretaría de Higiene programó una jornada de vacunación para perros y gatos. Con seguridad Topo escuchó y comprendió porque al otro día muy por la mañana, el perro se desapareció; pero como solía hacerlo, al principio nadie en la casa se preocupó, pero luego, con el transcurrir de las horas, todos empezaron a preguntar por él en la vecindad, fueron al parque principal, lugar de la Jornada de higiene y nada que aparecía. Ya por la tarde, empezaba a oscurecer, eran como las seis y Topo llegó, agitado sucio, cansado y con mucha hambre y sed. Todos salieron a recibirlo, el ama le conversó durante un momento y corrió a dar de comer y de beber a su mascota y ya reposadito le dio un regaño en tono convincente por haber eludido las vacunas. Entonces, Judith le advirtió: -"Topo, de todos modos tendrá que ir al Centro de Higiene, a ponerse las vacunas" y el perrito agachó las orejitas como queriendo decir, está bien...

El postre estaba exquisito

La familia asistió a una invitación que incluía comida formal. Todos, anfitriones y visitantes estaban felices y el momento lo ameritaba.

Llegó la hora de la comida, la visita pasó a manteles; los niños en sus respectivos puestos, muy educados y comían con tal cuidado y cordialidad que llamó la atención, en especial, la niña María Fernanda por su total finura, cuidado y delicadeza al partir e ingerir los alimentos. Ya estaban terminando, era el momento del postre, exquisito por demás y bañado con un almíbar cremoso cuya sola presencia sobre la mesa, hizo agua la boca de los invitados.

Todos degustaron con fruición el manjar de sobremesa y María Fernanda, encantada saboreaba esa delicia; pero a pesar de que bregó mucho con la cucharita para no dejar nada en el plato, ya por último con sumo cuidado y con la mayor tranquilidad, cogió el platico y lo lamió… Todos se asombraron un poco, pero como era una nena, disimularon lo mejor que pudieron, los papás algo turbados también hicieron caso omiso; eso sí, que en la casa, con mucho amor y suavidad recordaron a la pequeña las normas de cortesía en la mesa y quedó escrito en la memoria de esas familias la espontaneidad de la niña ante ese delicioso manjar.

Sala de peluquería

Bertha, Gloria y Judith, amigas de la infancia, se entretenían durante horas y días en sus juegos que consistían en cualquier cantidad de oficios como cocinar, bañar a las muñecas, salir a hacer mercado y desempeñar el rol de vendedoras...

A las niñas, cierto día, se les ocurrió abrir una peluquería. Ubicaron las sillas, el espejo, aprontaron los cepillos, las peinillas, las tijeras, el secador y demás implementos para desempeñar el rol de estilistas. Las clientas eran las muñecas que estaban en su respectivo armario. Las niñas estaban tan ocupadas que ni siquiera se sentían y Cecilia, la mamá de Judith, estaba muy tranquila porque todas eran muy juiciosas, además la puerta de la calle estaba con seguro y todo transcurría en normalidad.

De pronto a Cecilia se le ocurrió asomarse a ver qué estaban haciendo las niñas y ellas en ese momento, muy apersonadas desempeñaban el rol de peluqueras... Cada una de ellas, tijeras en mano, estaba cortando el cabello a las muñecas. La mama miró a las niñas, tan inocentes e ensimismadas que disimuló cuanto pudo, pero se sorprendió y quiso casi gritar, al ver a la mayoría de las muñecas totalmente rapadas y el bellísimo cabello esparcido por el piso... Las muñecas parecían verdaderos monstruitos...

Para las niñas era lo máximo, ver su propio salón de belleza convertido en una realidad, esa que ellas disfrutaban cuando iban a peluquería.

Para los niños en general, sus juegos son importantísimos y los padres han de estar pendientes porque "cuando los niños están muy calladitos, algo están creando" y hay que evitar peligros...

Tía, vengo por mi huevito

Cecilia tenía sobrinos y a Juan José, uno de ellos, le encantaba ir tempranito porque ella le daba desayuno que consistía en café, pan y huevo en tortilla. El niño reclamaba en tono amigable: - Por favor que lo haga mi tía Cecilia; ella comprendió el por qué; batía el huevo con esmero y en cacerola caliente, lo extendía tan grande como podía; por supuesto, la ilusión óptica lograba el objetivo de impresionar positivamente la mirada del niño que feliz se sentaba a comer despacio, una tortilla inmensa... Juan José, terminaba el desayuno y decía:-Muchas gracias tía, delicioso y por favor, mañana vuelvo por mi huevito...

-Muy bien Juan José, ha sido un placer su visita, hasta mañana y aquí todos lo esperamos con los brazos abiertos...

Topito hacía lo que sentía

Topito era un perrito muy consentido de todos en esa casa, en especial de Judith, su ama. A él le encantaba entre otras cosas el baño, jugar y dormir en el regazo, de modo que apenas lo alzaban, se iba acomodando y se quedaba tan profundamente dormido que algunas veces, hasta roncaba.

Cuando era la hora del almuerzo, Topo esperaba juicioso la comida en su platico, pero a veces, se sentaba al pie de su comida y algo cariacontecido, ponía una manita sobre la otra, torneaba los ojitos, apretaba la boca y alzaba a mirar a Judith y no comía... Esto sucedía generalmente cuando su ama estaba inapetente; al parecer Topito también compartía con su ama esos momentos...

Mamá, mamá, el perro me lamió

Luis, el niño, jugaba mucho con su mascota, "Pecas", era un dálmata cachorro.

Cualquier día, Luis estaba entretenido con Pecas y de un momento a otro salió gritando:
-¡Mamá, mamá, Pecas me lambió la pierna!
-Hijito, se dice: Pecas me lamió la pierna; del verbo lamer.
-¡Mamá, mamá, es que también me la mio!...
-Hijito por favor, se dice: Pecas me la meó.
El niño, miró a la mamá extrañado como queriendo decir: ¡Mamá no entendí!...

¡No me lo muestre!

Hace muchos años, cuando las puertas que daban a la calle permanecían abiertas porque todo era seguro, se vivía en completa calma, no había peligro alguno.

Cualquier día, Cecilia decidió visitar a su amiga Esperanza; cuando ella llegó a la puerta, escuchó la voz de su amiga que muy angustiada gritaba: ¡No me lo muestre, no me lo muestre!... Como la puerta estaba sin llave, Cecilia entró al tiempo que saludaba... Esperancita seguía gritando: ¡No me lo muestre!... Cecilia se encontró con el siguiente cuadro: Andrés, el hijo menor (de unos cuatro añitos), con un palito en la mano le pegaba al piso y algo perseguía; era un ratoncito que trataba de huir; Cecilia rápido encontró una escoba y le ayudó al niño y en unos pocos minutos dieron cuenta del ratoncito...Cuando Cecilia pudo detallar la situación con más calma, Esperanza estaba subida en la mesa del comedor, se tapaba con las manos los oídos y con los ojos cerrados todavía gritaba: ¡No me lo muestre! Cecilia se acercó, la llamó con voz fuerte y por fin escuchó... - Esperancita, ya pasó, por favor tranquila, bájese de ahí. Ya más calmadas conversaron un poco... Esperanza tomó agua y todo pasó...

Las fobias hay que curarlas y una de las formas es aprender mucho al respecto de la causa; en este caso,

saber todo lo posible de los ratones y así el cerebro
asimila y en la medida en que domina este
conocimiento, comprende los reales peligros y cómo
evitarlos.

El niño quiere mover el carro

Cristian tendría cuatro añitos. La familia había ido de paseo a una parcela y él estaba entretenido por ahí; como era el más pequeño, todos estaban pendientes.

Cristian fue y consiguió una cuerda, como pudo se hizo entender y pidió ayuda para que la amarraran a la defensa delantera de un carro que estaba parqueado en el antejardín de la casa. El niño intentó varias veces mover el carro, halaba y halaba la cuerda con todas sus fuerzas y naturalmente no lo consiguió. Él, algo desencantado, miró a sus papás que le explicaron como mejor pudieron para convencerlo de que mejor, jugara con su carrito.

¡A morir afuera!

La familia ya había hecho la oración para luego ir a dormir. Se hallaban todos tranquilos y María Eugenia, una de las niñas pequeñas, estaba bregando mucho para quitarse el vestido porque se le quedó atorado y no le pasaba la cabeza; tal vez el escote le quedaba apretado o que no había sacado el botón del ojal; María Eugenia angustiadísima en ese trance, empezó a gritar a toda voz: ¡A morir afuera, a morir afuera! Cuando escucharon los gritos de la niña, acudieron inmediatamente a auxiliarla... Por fin, ella logró quitarse el vestido, muy sudorosa y angustiada todavía, entre lágrimas daba las gracias a todos...

Al niño le llama la atención el teléfono

Cierto día, el niño estaba por ahí, en la casa, ya había aprendido a caminar y como le llamaba tanto la atención el teléfono, le daba vueltas y vueltas y en algunas oportunidades descolgaba, entonces, los papás estaban pendientes y se aseguraban de que el aparato quedara funcionando. Pero sucedió que en una ocasión, el niño levantó el teléfono, accionó el contestador, habló y colgó. Un amigo llamó al papá y cuál no sería la sorpresa, salía la voz de un niño, decía un mensaje ininteligible y colgaba. El amigo le contó a Néstor, el papá y le dijo: -Tal vez el niño cambió el mensaje del contestador porque algo balbucea y cuelga. Los papás revisaron el contestador y efectivamente Christian, el niño, decía algo en un idioma raro (el niño estaba aprendiendo a hablar) y colgaba. Los papás corrigieron el mensaje y de ahí en adelante pusieron más atención al respecto.

A los niños les faltaba tiempo para seguir jugando

Cristian Eduardo era un niño pequeño que iba al jardín a estudiar; al principio no quería quedarse y lloraba un poco, cuando veía que los papás de ausentaban. Enhorabuena, el niño se adaptó pronto, hizo amigos, entonces, lo esperaban todos los días, le hacían recibimiento y se iba feliz a jugar con los compañeritos.

Cristian Eduardo hizo empatía con una amiguita, María José y por consiguiente, pasaba más tiempo con ella; jugaban, reían, compartían juguetes y los días pasaban tan rápido que les faltaba tiempo para seguir jugando, a tal punto que en más de una oportunidad, cuando llegaban los padres, por la tarde, él no quería ir de vuelta a casa. Alguna vez, le rogaron tanto que como último recurso para convencerlo, recurrieron a hacer el papel de que se iban, entonces, Cristian muy tranquilo los despidió y les dijo: -"chao"...

El arco iris se fue...

La tarde estaba pintada de colores, el sol de los venados daba una tonalidad dorada al ambiente. De buenas a primeras, empezó a aparecer el arco iris en todo su esplendor y todos acudieron a presenciar ese grandioso milagro de la naturaleza. Inmediatamente llamaron a Cristian, el niño y él llegó rapidito, se asombró, le pareció bello y lo manifestó, pero como había dejado un juego inconcluso, se fue en busca de su entretención. Al rato, él se acordó y llegó a reclamar la presencia del arco iris de nuevo. Entonces le dijeron que él ya se había ido... El niño no comprendía, se fastidió un poco e insistía en ver de nuevo esa belleza de la naturaleza.

Explicaron a Cristian lo mejor que pudieron, pero él no dio muestras de haber entendido; naturalmente, él sólo tendría unos cuatro años...

¿Y usted por qué corre?

En los días que anteceden a la navidad, todas las personas se proveen de lo necesario para las festividades y suele acontecer que se apodera de la gente, un inusitado frenesí, por comprar, por correr y también por angustiarse, de todo lo cual a veces, sólo queda, cansancio, despilfarro, y muchas veces frustración porque en algunas oportunidades se compra lo que no se necesita.

"Ya llegó la fecha dulce y bendecida", como dice el villancico, era navidad y faltaban algunas cositas que eran necesarias para el hogar, entonces, la mamá pidió a su hijo Luis, el favor de hacer unas compras. El jovencito llevaba la lista organizada, sabía qué iba a comprar y los lugares exactos que ya conocía y poseía el dinero disponible, de manera que no tenía ninguna preocupación.

Aunque Luis empezó tranquilo a adquirir los artículos, él percibió que las demás personas iban corriendo con angustia y desespero; pero él siguió y llevaba por lo menos la mitad de los encargos adquiridos y de pronto se sintió agitado y se observó a sí mismo con desasosiego y justo en ese momento, pasó una persona y lo empujó tan fuerte que lo hizo tambalear, entonces, Luis apenas alcanzó a decir:
-Señor por favor tenga más cuidado.

El señor se devolvió algo fastidiado por el llamado de atención de Luis y le dijo: -¿Joven y usted por qué corre tanto?
-Yo no sé, respondió.
-Y el señor le dijo "yo tampoco".

¿Qué haría yo sin mi?

Cuenta esta historia que Marco, un niño de Básica Primaria, sufría mucho en la escuela porque no uno, si no varios compañeros le hacían bullying. Él, era amable, educado, estudioso y gracias a Dios, todo se lo contaba a la mamá y ella, muy comprensiva y sabia le escuchaba, le daba cercanía, confianza y consejos de automotivación para que en cada momento difícil, Marco pudiera salir avante, con más ánimo y entereza de carácter. Y entre otras cosas, le enseñaba a su hijo, a descubrir sus capacidades, el valor de la alegría y de la tranquilidad para él mismo, la familia y para el mundo entero.

Cuando el grupo de niños perseguidores se dio cuenta del valor y de la resistencia de Marco, arreció el ataque y él lo percibió; entonces, apenas llegó de la escuela, algo inquieto, le comentó a la mamá y ella muy solícita comprendió la importancia de ese instante, dejó lo que estaba haciendo y le puso cuidado a su hijo durante todo el rato. – Bien hijito, comprendo la molestia que le causan esos niños malcriados, pero tranquilo, cuente conmigo y con su papá; hasta aquí usted estaba probando su capacidad de resistencia y por eso lo felicito; y ahí mismo, lo abrazó, lo besó con tanta fuerza que inmediatamente Marco rehízo su valor y la decisión de seguir en la brega a pesar de todo.

La mamá conversó más con él y le hizo énfasis en el valor de la calidad de vida y de la vida misma, que no podía permitir que las actitudes de esos niños enfermos del alma, le quitaran la tranquilidad y la felicidad. Entonces, Marco, en un rapto de luz y de voluntad hacia el bien de sí mismo, se repitió en voz alta:

"¿Qué haría yo sin mí? Y repitió alegre esta expresión. La mamá disimuló la emoción y como percibió que Marco estaba decidido a seguir dando la brega por su seguridad, al otro día, papá y mamá se presentaron en la escuela con Marco e informaron la desagradable situación que debió enfrentar el hijo. En la escuela entendieron lo delicado de la situación, llamaron a los niños maltratadores, los cuales tuvieron que firmar una Acta de compromiso, y se disculparon con Marco que ya fortalecido pudo seguir mejor su camino. Cuenta Marco que cuando sentía los embates de la falta de humanidad de las personas cercanas se repetía: -¿Qué haría yo sin mí?

"La vida es un tesoro que debemos cuidar y no permitir que nadie nos haga sufrir y nos quite la fuerza."

¡Que yo aparezca!

Hace muchos años, cuando todas las personas eran confiables, encontrarse con alguien en cualquier camino a cualquier hora, era una bendición del cielo convertida en compañía.

Cierto día, iba Roberto, un niño campesino, a hacer un mandado y como el camino era algo desconocido para él, fácilmente se desubicó y se sintió perdido totalmente y justo ese día el sendero estaba totalmente solo; por supuesto, Roberto se angustió, lloró y como ya estaba lejos de la casa, era tal la confusión que no sabía si era que iba o que venía. Cuenta que hizo acopio del valor que le quedaba, que se arrodilló en el piso, oro a Dios y que clamaba: -¡Padre Santo que yo aparezca!... Providencialmente pasaba por allí un señor y que algo escuchó, pero no veía casi nada porque el camino estaba mimetizado, la hierba muy alta y tapaba casi completamente el sendero, que se detuvo y pudo escuchar la voz de un niño asustadísimo que clamaba entre sollozos:"¡Dios mío que yo aparezca". Se hizo el milagro, el señor encontró a Roberto que ya más repuesto del susto, fue orientado por el viajero y niño pudo llegar a su destino.

Casi toda persona, alguna vez en su vida se ha sentido perdida. Es una horrible sensación de angustia que quita luz, fuerza y tranquilidad.

Érase una familia campesina muy creyente y trabajadora. Los papás, recalcaban a los hijos, todos los días las buenas costumbres y en particular el comportamiento ético y la mamá en tono por demás convincente, les decía:

-Hijos siempre que vayan a hacer algo, acójanse a Dios para que tomen las mejores decisiones. Era costumbre verbalizar:

-Si Dios quiere, hoy iré a la escuela.

-Si Dios quiere, ahora haré las tareas.

-Si Dios quiere, inmediatamente achicaré los terneros. (Achicar los terneros, es traerlos al corral por la tarde).

-Si Dios quiere llevaré el burro a pastar...

Y precisamente ese día, Pedro, el niño llevaría el burro a comer pasto. Amarró el animalito a un árbol, pero Pedro poco entrenado en ese oficio, le hizo nudo corredizo al pescuezo y tan de malas que el burrito se enredó y en su desespero por deshacerse del lazo, haló y haló, hasta que se ahorcó.

El niño se había alejado un poco, demoró sólo un ratico y cuando llegó, vio un inesperado cuadro muy triste, "el burrito estaba muerto". Con el corazón dándole saltos, salió corriendo, llegó a la casa

sudoroso y muy angustiado y dijo a voz en grito: -
¡Mamá, mamá, si Dios quiere, el burro se ahorcó!...
La mamá enmudecida, también salió a toda carrera a
ver qué podía hacer por el animalito que era muy
querido en esa casa, además de que servía como
medio de transporte y de sustento porque acarreaba
todo necesario en esa casa. Pero todo fue en vano,
no había nada qué hacer. ¡Mama, mamá, si Dios
quiere, el burro se ahorcó!...

Papi, cuando toca toca

Con motivo de la situación económica, se habían perdido muchos puestos de trabajo y en particular, la gente humilde estaba pasando necesidades sin cuento por esta causa.

Un domiciliario y su esposa, como tantos, perdieron su trabajo, sin embargo, él, voluntarioso y decidido, cada día que el pico y cédula le favorece, sale rápido a rebuscarse sobre todo para ayuda de la comida. Cuenta esta historia que Leonilde estaba esperando un servicio de taxi y que el domiciliario le pitaba y le pitaba como rogándole que utilizara su servicio, pero Leonilde no le ponía cuidado... Por fin, al cabo de las quinientas (es decir, al rato), en vista de que no pasaba taxi, atendió al pito del motociclista, decidió usar este medio de transporte, pero antes conversó un momento y él le contó que está muy empobrecido y que tenía una bebita de tres años (estaba aprendiendo a hablar),y se acostumbró que a las tres de la tarde, le llevaba un yogurt y una galleta; que la nena le había reclamado en más de una oportunidad y a media lengua su bocado, ante lo cual él le explicaba: -"Hijita, la situación está muy difícil, hay poco trabajo, hoy no puedo"; entonces, la nena resignada le respondía: -"Meno papi, cando coca, coca". (Bueno papi, cuando toca, toca)...

Les pudo la tentación de unos sabrosos y fresquitos brazos de reina

Los niños Libardo, Gabriel, Rosalba y Carmen Cecilia, iban con mucha frecuencia a la tienda de doña Aurelia, eran vecinos; allí se encontraba de todo y naturalmente no podían faltar los dulces, confites, dulces caseros, amasijos y Brazo de reina. Éste era un bizcocho de color rojo por fuera, relleno de crema y de arequipe (dulce de leche), que hacía las delicias de todos, en especial de los niños.

Cierto día, Ana María, la mamá, dejó guardado el dinero de pagar la leche en la gaveta de la máquina de coser y los niños descubrieron el escondrijo. A ellos, se les hizo fácil sacar de ahí e ir a la tienda a comprar Brazo de reina, bizcocho que estaba fresquito y delicioso. Como les encantó, esa mañana, fueron tantas veces que entre los cuatro hermanos se comieron dos y medio Brazos de reina completos, es decir, como cinco libras; por consiguiente, se indigestaron y vomitaban todos al tiempo y de color rojo (color del bizcocho). La mamá tuvo que llevarlos al hospital para que los medicaran.

Cuando los niños estuvieron algo repuestos de la enfermedad, la mamá los llamó y ellos apenados confesaron su falta y luego de una fuerte regañina, todos prometieron nunca más volver a coger dinero ajeno.

Ana María, entre otras cosas les dijo:
-Estoy avergonzada de tener unos hijos a los cuales les gusta coger dinero ajeno. Esto me causa pena; (de paso les hizo algo de teatro porque simuló que estaba llorando), me siento terriblemente acongojada por la indelicadeza de ustedes, mis hijos. Ante esta actitud de la mamá, ellos también se conmovieron de verdad y lloraron muy arrepentidos y pidieron disculpas.

Ana María, algo rogada, se hizo esperar para disculparlos y así darles un escarmiento que sirvió mucho porque los niños nunca más volvieron a coger nada sin permiso.

Enhorabuena por las enseñanzas oportunas de los padres que bien guían a sus hijos para que mañana sean personas confiables.

Evelyn está aprendiendo a caminar

Evelyn, es una bebé que tiene siete meses y está aprendiendo a pararse, a gatear y a caminar. Ella es vivaz, alegre, activa, comeloncita, sin embargo, ante los alimentos que poco o nada le agradan, hace caritas y no los pasa.

Como está en la edad en la cual hay que cuidarla mucho, le hacen un encierro con muebles, sillas, el corral y otros muebles para que tenga espacio y pueda moverse con más libertad. Y la nena permanece ratos allí, caminando agarrada de lo que puede.

En esa casa también hay una mascota, una gata, Minina y ella se mantiene por ahí; como conoce a Evelyn, entró a donde estaba la nena, dio vueltas y salió por entre unas sillas; al momento la nena también salió por el mismo lugar por el cual lo hizo Minina...

La niña quería ser maestra

Judith, cuando era pequeña, tenía predilección por algunos juegos, entre ellos, hacer el papel de maestra y las veces que decidía optar por ese desempeño, se disponía desde muy temprano; se acicalaba como para ir al colegio, maquillada, con zapatillas, cartera, joyas (collares, pulseras y cartera de la mamá). Llegaba a su espacio predilecto, el comedor... Allí organizaba todos sus juguetes sentados en sillas, ponía un tablero y utilizaba tizas, le encantaba dictar clase de matemática. En su mundo de maestra, como algunos niños (los juguetes), no entendían, ella volvía a explicar. Otros alumnos, a la primera vez, todo lo comprendían, entonces ella muy contenta los felicitaba.

Judith en muchas oportunidades, tal vez aplicando cuanto hacían en el colegio, ponía a todos juguetes en fila por estatura y les recalcaba guardar distancia, poner atención y guardar disciplina.

En esta entretención permanecía durante largas horas, al cabo de las cuales, rendida de tanto trabajar y algo sudorosa, recogía sus juguetes, dejaba todas las cosas en su lugar y cambiaba de actividad...

Venimos por nuestra ración

Los pajaritos llegan con frecuencia al comedor, a la hora del almuerzo. Se hacen notar porque trinan diferente como si quisieran decir "venimos por nuestra ración". Inmediatamente les echan pan desmoronado o unos granitos de arroz y ellos se acercan y comen. En algunas oportunidades, en las cuales quizá están criando a sus polluelos, cogen mendrugos más grandes, lo que son capaces de llevar, vuelan y en un momento vuelven por más...

Una vez, la familia por estar muy ocupada atendiendo a una visita, distrajo la atención y olvidó a los pajaritos y como estos sabían el camino, volaron a la mesa del comedor. Todos se quedaron quietos para poder apreciar la reacción de los singulares amigos de ese hogar que muy modocitos y confianzudos, tomaron de los platos, en el pico, unos arrocitos y raudos volaron. Todos quedaron asombrados, los anfitriones explicaron la circunstancia que solía acontecer y se disculparon. La familia visitante comprendió y más bien, manifestó su complacencia por haber podido compartir durante unos instantes ese magnífico e insólito encuentro...

Muy amables estuvieron felices durante esa comida; por supuesto, uno de los temas estuvo relacionado con la confianza ganada por los pajaritos, en esa familia. Uno de los niños dijo: -Y hoy, los pajaritos quedaron con hambre porque sólo llevaron un poquito de comida, pobrecitos...

Ese encuentro fue todo un inolvidable acontecimiento de cercanía, comprensión y goce que dejó bellos recuerdos...

¿Al ratón miguelito se le olvidó?

Keny David había empezado a cambiar de dientes, Leo, la mamá, sabia y aplicada, estaba muy pendiente de la higiene bucal de su hijo y para motivarlo, todos los días le recordaba que si cuidaba sus dientes y los mantenía sanos y blanquísimos, cuando viniera el Ratón Miguelito, le dejaría un mejor premio.

Los días iban pasando, se cayó el primer dientecito de Keny David, fue todo un acontecimiento familiar; allí, todos hablaban con mucho cariño de la venida del Ratón Miguelito y el niño celebró la generosidad del animalito porque le dejó un billetico (de baja denominación) debajo de la almohada. Con este suceso hubo cuento para muchos días...

Se aproximaba la caída del segundo dientecito y Keny David, se bañaba la boca con frecuencia y esmero.

Llegó el día, Leo, la mamá, muy ocupada, distrajo un poco su atención en tantos quehaceres del hogar y esta vez, olvidó dejar el regalo del Ratón Miguelito debajo de la almohada de Keny David; por supuesto, cuando el niño fue a buscar su regalo, no había nada y Keny David con los ojos humedecidos, al punto del llanto, llamó:
-¡Mamá, si ve, al Ratón Miguelito se le olvidó mi regalo!

Leo, comprendió y disimuló su preocupación y le dijo:

-Hijo, él vive muy ocupado porque son muchos los niños en el mundo que reclaman su premio, cada día; pobrecito, discúlpelo, estoy segura de que a él no se le olvidó. Vaya al bañito, cierre la puerta, llámelo, háblele con amor y cariño y dígale: -"Ratón Miguelito, yo le cumplí, bañé con cuidado mis dientes, están impecables, de modo que me debe mi regalito"...

La mamá le recomendó en tono muy amable y convincente:- Hijo y demore unos minuticos porque el ratoncito puede estar lejos, dele tiempo para llegar...

-Está bien mamá, esperaré un momento... Y mientras eso ocurría, Leo, rápido fue y puso el billetico debajo de la almohada de Keny David... Cuando él fue a buscar, encontró el regalito. -¡Mamá, mamá, el Ratón Miguelito escuchó mi llamado. Sí, pobrecito, él tiene mucho que hacer como usted mamá y a veces falta tiempo.

Este acontecimiento trascendió a toda la familia que alertada por Leo, guardó ese secreto con total fidelidad, tanto que el niño creció con esa bonita y fantástica idea y sobre todo, le quedó el buen hábito de cuidar sus dientes.

Pasaron unos años y un día cualquiera, alguna persona hizo un comentario relacionado con la fantasía del Ratón Miguelito, delante de Keny David y él comprendió y le dijo a Leo: -Mamá, yo sí creía en el Ratón Miguelito...

Ella, muy sabia le explicó lo mejor que pudo y el niño por toda respuesta, algo desencantado, se encogió de hombros y dijo: -¡Ah!...

¡El cuaderno de tareas se perdió!

En el momento de salir para la escuela, al niño Andrés se le perdió no más, que el cuaderno de tareas. Él, había estado estudiando en compañía del perrito Fifí, su mascota.

Ellos se preocuparon, buscaban el cuaderno al mismo tiempo, se interrogaban, corrían, se formó el conflicto que suele suceder cuanto esto acontece… Ya era la hora, no se podía esperar más porque de lo contrario, Andrés llegaría tarde. El desespero se iba apoderando de todos, el niño lloraba, en fin… De pronto y providencialmente apareció Fifí, feliz, llevaba el cuaderno en su jetica, como si quisiera decir: "Vean, aquí está lo que buscan". Cogieron el cuaderno y a toda carrera, llegaron jadeantes a la escuela…

El niño y la familia aprendieron a ser más ordenados y a partir de ese día, se convirtió en norma, dejar todas las cosas necesarias listas para ir a la escuela, el día siguiente.

Toc...Toc...Toc... ¿Quién es?

Hace mucho tiempo, cuando la vida era tan sencilla, bella y tranquila, en una casa de pueblo, tocaron a la puerta. Toc...Toc...Toc... Un niño salió a ver quién era; no había timbre y menos ojo mágico y el niño no alcanzaba a coger el picaporte para abrir la puerta, entonces, preguntó a voz en grito:
-¿Quién es?
Del otro lado de la puerta, alguien le respondió.
-Pues yo.
Y el niño volvió a preguntar:
-¿Y, quién es yo?
_ Pues usted.

La mamá puso atención y algo alcanzó a escuchar y salió a ver qué pasaba...

El recibo de parqueo se extravió

La familia fue de compras en el carro. Mamá, papá e hijos iban felices. Llegaron al supermercado, parquearon y les dieron el consabido recibo.

La actividad estuvo de maravilla, pudieron adquirir todos los artículos que buscaban, incluso hubo tiempo para comer helados. Grandioso, compartieron, conversaron; revisaron la lista de encargos y estaba bien.

Fueron a buscar el carro y ya todos acomodados y con seguro en las puertas por los niños, buscaron el recibo de parqueo en bolsillos, en la guantera, en las carteras, etc. Y no lo encontraban por ninguna parte; ya estaban impacientes y de pronto, uno de los niños se quedó mirando al papá que estaba algo impaciente por el incidente y le dijo: - ¡Papá, papá tiene el recibo entre los dientes!... Todos rieron mucho y como estaban tan felices, fue un motivo más…

Pecas, formó hábitos de orden

Pecas, era un perrito de raza dálmata que llegó a un hogar cuando era muy pequeño, todavía estaba mamando. El destete le dio muy duro y cuando estaba con hambre buscaba a Judith, su ama y ella en seguida le preparaba su tetero y si demoraba, se ponía impaciente y chillaba. Eso sí, ya llenito, se quedaba profundamente dormido, hasta con la boquita abierta que olía delicioso y dejaba entrever una lengua limpia y unos blanquísimos y pequeños dientes untados de leche. Era un cuadro enternecedor que invitaba a observar.

Dormía un rato y durante el sueño, tal vez soñaba porque se movía, daba salticos y parecía que lloraba…

Pecas, fue creciendo, ya no tomó más tetero, tenía sus propios platicos y comía de todo.

En la medida en que pasaban los meses, Pecas, cada día, algo nuevo hacía. Con seguridad le rascaban las encías o también para fortalecer sus dientes, mordía lo que encontraba, por consiguiente, hizo daños sin cuento, mordió zapatos, destrozó medias, se comió la pata de un mueble y para completar las perlas de la corona, un día, cuando más oficio había que hacer, en un instante bajó la ropa recién lavada que estaba en el tendedero, la arrastró y se acostó encima, tal vez tanta actividad le dio calor... La señora de la casa, muy fastidiada ante tanta molestia que causaba, regañó a Pecas y él paró los ojos, hizo cara de "yo no fui" y apenado, con el rabo entre las piernas se fue a esconder debajo de una cama. Con seguridad entendió.

Hay que reconocer que Pecas, a las buenas formó hábitos de orden porque nadie en esa casa, volvió a dejar nada botado por ahí...

La cobija de Coltejer, la de cuadritos ...

Érase una vez navidad, todo estaba en paz, la casa muy limpia y ordenada, el pesebre en lugar de honor y se percibía el olor del tiempo más bello del año. Ese día, los niños Gabriel, Libardo, Rosalba y Carmen Cecilia empezaron a discutir; como Ana María, la mamá, lo advirtió, inmediatamente les llamó la atención y les dijo:

-¡Niños, el pesebre está ahí, la Virgen, San José y el Niño Dios presencian y ven cómo pelean tan feo! Este comportamiento da pena. Unos niños educados y amables saben compartir los juguetes y viven felices.

La actitud oportuna y sabia de la mamá, calmó a los niños que siguieron jugando. Y como ellos no saben de rencores, pronto olvidaron el incidente...

En los mejores tiempos de la inocencia, los niños creían a pie juntillas que el Niño Dios, venía en persona a traer los regalos en la nochebuena. Por supuesto, ellos ponían el zapato debajo de la cama para que ahí, Él dejara los regalos. Esperaban pacientes pero el sueño les podía. Libardo, era el último en quedarse dormido, siempre ansioso de ese momento, montaba guardia y en más de una oportunidad hizo rotos a la cobija de cuadros marca Coltejer para ver la real llegada del Niño Dios, pero el cansancio (de tanto jugar) lo doblegaba y por fin, caía profundamente dormido, momento que aprovechaba Ana María para ubicar los regalos...

La mamá tan especial como había conversado con sus hijos al respecto de lo que esperaban, siempre trató de cumplir con sus expectativas.

El despertar era bellísimo y todos corrían a destapar los regalos...

Cerré mi mente a las angustias cotidianas
con los ojos perdidos en el horizonte sin mirarlo,
recordé aquellas navidades de mi pueblo
que de niña viví, de secretos y de ensueños.

Fueron las novenas de aguinaldos
las que muy devotos, allí todos rezaban,
con las mejores galas se vestían
y también los villancicos se cantaban.

Eran los juegos y las apuestas bien cruzadas
había refranes y dichos convenidos,
unos preguntaban sin obtener respuestas
y otros debían contestar con mucho acierto.

Los había de aceptación o de rechazo
al sí y al no, como respuesta concertada,
se buscaba el descuido del contrario

y con un toquecito en la espalda se ganaba.

Las penas no existían, ni las carreras
eran los tiempos de la eterna primavera,
en comunión del hogar y del pesebre
se vivía en Dios la pureza de la infancia.

En carta dirigida al Niño Dios del alma
que contenía los deseos y anhelos del infante,
con garabatos parecidos a las letras
luego, la espera del regalo era constante.

El zapatico brillado con esmero
puesto debajo de la cama con cuidado,
como sitio indicado al Niño Dios del cielo
para que ubicara en la noche, los regalos.

Las estrategias que se tenían eran sencillas
la cobija de Coltejer, la de cuadritos,
a escondidas y con las tijeras de costura
soportaba con paciencia los huecos fabricados
para observar al Niño Dios y sus regalos.

Era mucha la ansiedad del veinticuatro
por conocer la identidad del Visitante,
el propósito firme no dormirse
pero al fin, el sueño dominaba al infante.

Despertar el veinticinco era grandioso

los padres exclamaban asombrados,
ante la Grandeza del Niño generoso
con risas y regalos quedaban compensados.

Los muchachos de esa cuadra comentaban
y definían del Niño Dios el semblante y el vestido,
también las mentiras piadosas afloraban
para hacer creer que el Niño Dios había venido.

Las mirabas rezaban

Era una vez, en un pueblito tranquilo, cuando el tiempo alcanzaba para todo...

Entre todos los aconteceres cotidianos de las familias, los niños cumplían a cabalidad con los deberes de la casa y de la escuela, incluso quedaba tiempo para ir a Misa con calma. Y justo, en muchas oportunidades, la Misa era el espacio perfecto para encuentros bellísimos que dejaron huellas en las almas.

La historia cuenta que Luis, el monaguillo puso sus ojos en Delia, una niña que iba todos los días a Misa. Desde el principio, hubo comunicación recíproca; se conocieron de vista allí, sin palabras, sólo miradas furtivas y mucha cercanía de sus almas soñadoras e inocentes.

Las misas transcurrían y el momento especial era el de la Comunión, cuando el monaguillo le acercaba la patena. Era todo, no había palabras, sólo cercanía de almas.

Y fueron muchas misas, nunca supieron sus nombres, la vida siguió su curso y los niños se perdieron de vista...

Ésta es la historia del primer amor

de un monaguillo de unos ocho añitos,
y de una niña a quien le hacía guiños
ambos teñidos de cierto candor.

Ella se acercaba al comulgatorio
confundida de tanta emoción,
porque el monaguillo en ese oratorio
le quitó la calma de su corazón.

Ella se hacía la que estaba ajena
pero era un momento,
de emoción suprema
cuando él le colocaba la patena.

Porque él con su cuidado fino
de un bisoño inexperto,
quiso mantener ánimo atento
para no cometer un desatino.

Cuenta que ella sentía una cadena
y el alma muy quedo se le emocionaba,
como si fuera una dulce condena
cuando él con la patena la rozaba.

La misa era la cita más amena
a menudo con la cual ella soñaba,
aunque aparentaba estar serena
por lo visto, él también la misa deseaba.

Fueron tan frecuentes los encuentros
que se multiplicaron y querían,
porque él sí era el monaguillo
y ella iba constante en su feligresía.

Era ese encuentro tierno e inocente
en el que se veían cada día,
él, patena en mano y a porfía
le rogaba una mirada dulcemente.

Era sólo un instante,
y sin palabras las miradas rezaban,
por favor, detente
porque la comunión se nos acaba.

El momento era tan grande y tan supremo,
en el cual sólo bastaba un aleteo,
para decirse sin palabras
oh cuándo nos veremos!

¡Ah tiempos tan lindos
de la edad temprana,
quedará esto escrito
para recordar en un mañana,
el dulce amor vivido
al responder a un toque de campana,
de una campana de pueblo
que tiene la voz
de una niña enamorada!

El pesebre era en vivo

En ese hogar, cuando los niños eran pequeños, los padres decidieron hacer dos pesebres, el uno en lugar de honor, con el nacimiento y adornos delicados y el otro, en el comedor, también con el nacimiento y casi todos los adornos grandes, de plástico y sencillos para que los niños pudieran manipular y disfrutar, sin dificultades y sobre todo sin correr riesgos.

Para vestir los dos pesebres, padres e hijos colaboraban voluntariosos y felices y cada uno tenía una misión. Los niños aprendieron a desempacar con cuidado cosa por cosa y luego, a ubicar los personajes; tareas en las cuales invertían horas y días hasta dar por terminada las obras.

El pesebre de los niños era un espacio de mucha actividad, de lo más hermoso y conmovedor, ver las carreteras del pesebre con los vehículos en movimiento porque allí jugaban los niños, las muñecas en sus casitas, hacían caminar a los caballos por los senderos, las ovejas pastaban, los paticos nadaban en el lago y por supuesto los animales salvajes estaban en las montañas. En todo ese ir y venir durante el día, aunque tenían cierto cuidado al manipular esos juguetes, tumbaban los personajes, los animales y demás adornos; entonces, siempre en las horas de la tarde, los cuatro hermanos, Gabriel,

Libardo, Rosalba y Carmen Cecilia se reunían y
dejaban cada personaje y cada cosa en su lugar y la
mamá Ana María les decía: -Niños, ya es hora de que
dejen descansar el pesebre, mañana será otro día...

La alegría de la navidad se aproximaba
destapaban cuidadosos esa caja con respeto,
ella contenía recuerdos que se amaban
que fueron de nosotros, de los hijos y los nietos.

Se desempacaban con devoción aquellas prendas
aparece la Madre de Dios bien resguardada,
en papel de envolver las cosas finas
está como entonces, intacta, conservada.

El castísimo José, el carpintero
que pulía todo con su mano diestra,
la barba larga y en sus manos un madero
tenía la cara dulce como de una fiesta.

El Niño Jesús apareció en seguida
el que se coloca a partir del veinticuatro,
la estancia tiene el color de su venida
de recuerdos de tiempos idos, de nosotros.

La mula que perdió su fama en villancicos
por comer sin descanso, a toda hora,
le quitó parte del lecho a aquel Niño bendito
por supuesto, sin comprender que a Él se le adora.

El buey bonachón, regordete y descansado
tiene el porte real de la abundancia,
esa que en este tiempo ha rebajado
por la necedad, la indolencia y la inconstancia.

Y no podía faltar en el pesebre
el querido soldadito de plomo,
estaba tan pelado y parecía muy pobre
sin embargo, se conserva y no se sabe cómo.

Las casitas formaban el poblado
con caminos, gallinas y corral incluido,
todos en hacer el pesebre habían colaborado
para dar testimonio de que se había vivido.

No faltó aquel pastor y su rebaño
tampoco la laguna con los patos,
un pozo profundo que daba el agua limpia
para personas, los perros y los gatos.

Muchos recuerdos de pronto aparecieron
de cuando en el hogar organizaban,
el pesebre del Niño Dios que nuestros viejos
y a refrendar la paz nos enseñaban.

Hoy, no se tienen los padres, ni los hijos
los primeros a encontrarse en el cielo, viajaron,
los segundos en busca de caminos ya se fueron,

y ahora, nosotros solos el pesebre haremos
pensando en aquellos que partieron...

Silencio…Sabio en reposo

Juan es un niño muy aplicado, es puntual, estudia con juicio, hace todas las tareas bien y a veces trasnocha sin que persona alguna se lo recuerde.

Cuando termina su jornada algo cansado, toma los alimentos, colabora en algún oficio de casa como lavar los platos, arreglar una parte del hogar o regar el jardín; entonces, en ese momento se dispone a descansar un rato y pone en la puerta de su cuarto esta inscripción: "Silencio… Sabio en reposo".

Al principio, se burlaron un poco y él, apersonado de su papel y en tono convincente reclamó: -Por favor merezco descansar; mis notas en el colegio son excelentes, mi comportamiento no deja qué desear y ayudo un poco en el hogar. "Silencio… Sabio en reposo".

Pequeño está enamorado

Pequeño es un perrito, creció, ya es un joven y está enamorado. La niña Luciana, el ama, cuenta que ha percibido un cambio de conducta muy notorio en su mascota. Pequeño, ha dejado de comer, por consiguiente, está flaco, desalentado, ojeroso y muy inquieto. Para colmo de males, la perrita dueña de su amor, vive cerca de él, aproximadamente a media cuadra. Por supuesto, cuando la perrita tiene sus cambios hormonales, es decir, que está en calor, Pequeño lo percibe. (Los perros tienen de doscientos cincuenta a trecientos millones de células olfativas).

Uno de los mayores tormentos para Pequeño es cuando lo sacan a pasear y pasan por el frente del domicilio de su enamorada; ahí, se detiene, olisquea la puerta, emite ciertos sonidillos como si quisiera llorar, se le humedecen los ojos, empuja la puerta, en fin, al perrito se le nota el desespero, la turbación y la angustia...

A Pequeño lo llevan con pretal, sin bozal porque su raza no reviste peligro alguno; en vista del sufrimiento del perrito, han decidido cambiar la ruta de la salida diaria; pero él hala de la cuerda para donde sabe que vive el motivo de sus querencias. Parece que la dueña de la perrita no se ha dado cuenta y no tiene idea de las penalidades por las cuales está pasando Pequeño...

Esta historia como tantas otras, hasta ahora empieza...

Paquita, puede que aquí encuentres tu amor

Cuando Katty era una niña, (cuatro años), gozó de la compañía de mascotas porque los abuelos le obsequiaron varias, entre ellas una tortuga pequeña, con la cual se encariñó mucho y le puso el nombre de Paquita.

Katty junto con su mamá Rosalba le adaptaron un buen hábitat: lugar fresco, planticas, pasto, recipiente con agua para que se bañara, platicos para la comida y para el agua. Naturalmente a Paquita le encantaba nadar. Comía casi de todo, lechuga, arrocito cocido, fruta, pedacitos de carne, sopas de pan y tomaba agua.

Katty quiso mucho a sus mascotas, en especial a Paquita, pero se apegó tanto a ella que hasta para ir al Colegio y a todas partes la quería llevar y así lo hizo en varias oportunidades, hasta que un día y a escondidas de la mamá, Katty aprovechó que tenía una cita odontológica y se llevó a la tortuguita entre el panty. Ambas tomaron el transporte que por cierto, ese día, iba con sobrecupo; la mamá le cedió el asiento a la nena. Con seguridad Paquita iba muy incómoda y con calor y empezó a caminar y a dar vueltas sobre el estómago de Katty y como el animalito tenía uñitas, para poder sostenerse mínimo le haría muchas cosquillas... Katty le hacía caritas y ojitos y se movía como raro en el asiento, pero la mamá inocente de la situación no entendía y Katty tampoco decía nada. Ambas mamá e hija tuvieron un viaje muy incómodo y les debió parecer eterno. Por fin llegaron a su destino y cuando se bajaron del transporte, la mamá dijo a Katty:

-¿Hija, qué tiene, la noté inquieta todo el camino, quiere ir al bañito, qué le pasa?

Y la nena no le decía nada. Entonces, la mamá le insistió:

-Muestre hija. Y ahí mismo Kattty, se levantó la falda y la mamá pudo ver asombrada que la niña llevaba a Paquita entre el panty. Katty tenía la piel del estómago colorada y algo arañada.

Fueron a la cita odontológica y cuando llegaron a la casa la mamá le dijo:

-Hijita, la convivencia con Paquita nos ha dado alegrías, momentos muy bonitos y nos ha permitido aprender y usted ha sido responsable en el cuidado de ella, pero ya empieza a causarnos dificultades, por consiguiente, se llegó la hora de llevarla a otro lugar en el cual, ella viva más libre y más feliz. Katty, al principio dijo que no, que le hacía falta su compañía; sin embargo, la mamá muy sabia la convenció y entregaron la tortuguita a un zoológico, adonde fue muy bien recibida.

Katty se despidió de Paquita, con los ojos aguaditos, la cogió en sus manitas y antes entregarla le dijo: - Paquita: te quiero mucho, mi deseo es que permanecieras a mi lado; pero lo mejor para las dos es que te quedes aquí. Vas a tener compañía, te van a querer y hay cuidadores que te darán de comer; es más, aquí, hay más tortuguitas y es posible también que en este lugar, encuentres tu amor, en casa tendrías que permanecer solita...

En ese coloquio estaban y como Katty ya se ponía a llorar, la mamá le dijo: - Bueno hija, despídase, es la hora, se hace tarde. Katty, le botó un besito, cerró los ojitos y la entregó...

Ambas, mamá e hija salieron de la mano y luego tomaron otro transporte y fueron a comer helado... Cuando llegaron a la casa, Rosalba, rápido recogió las cosas de Paquita, los platos, la comida y demás cosas que pudieran traer recuerdos...

Fácil, yo puedo ayudar

Zulay del Pilar, es una niña estudiosa, alegre y servicial que es la mano derecha de esa familia, sin que persona alguna, en el hogar le dé órdenes; es por voluntad propia que ayuda y de nuevo está disponible.

Cierto día, Zulay amaneció mucho más laboriosa que de costumbre, dinámica y muy alegre. Con seguridad percibió que Gladys la mamá, estaba agotada por todo el oficio de la casa, fuera del arrume de trabajo de su profesión docente y apenas manifestó que estaba cansada, de una vez, le dijo: -"fácil mami yo le puedo ayudar". Y así, en más de una oportunidad, ese y durante muchos días le ofrecía soluciones posibles y reales para sus dificultades. Ante esa actitud tan positiva de su hijita, en algún momento, la mamá muy emocionada le manifestó: -Hijita, usted se ha convertido en un centro de soluciones para mí. Gracias. La niña se puso muy feliz y daba saltos cada vez que lograba ayudar en algo a Gladys. Y lo más lindo de esa actitud era la real satisfacción por haber colaborado.

¡Por favor, la tina está vacía

Los Arroceros (pajaritos) eran asiduos visitantes de ese hogar. Cierto día, que estaba haciendo mucho calor, se hicieron presentes en busca de agua para bañarse. Solían hacerlo en los recipientes que recogían el agua sobrante luego de regar las pantas que estaban en las materas. Judith, la hija menor, había podido observarlos en repetidas oportunidades. Era todo un espectáculo de higiene, amor, diligencia y alabanza. Metían primero las paticas, bebían unos sorbitos y ahí mismo, entre aleteos y trinos consumían la cabeza, las alas, se sacudían y en unos minutos estaban totalmente empapados; luego, se salían del platico que les servía de tina, buscaban los rayos del sol, extendían sus alas, se peinaban las plumas con el pico y cuando estaban casi secos, se iban felices...

Pero una vez, vinieron más tarde que de costumbre y ya habían botado el agua para dejar vacíos los platicos y evitar que los zancudos pusieran ahí sus huevos. Entonces, la niña pudo observar que los pajaritos sin poder hablar, se hacían entender. Como ellos encontraron los platicos secos, cuando intentaron bañarse, se sacudieron con cierto desespero y cambiaron de trino, estaban molestos, azotaron con las alas más fuerte los platos reclamado, como queriendo decir: "¡Por favor, la tina está vacía, estamos con mucho calor, necesitamos bañarnos, qué han hecho nuestra agua!" La niña pudo percibir que estaban desasosegados. Pasito llamó a la mamá para no espantarlos y ella también pudo ver la escena. Ambas comprendieron y comentaron, pobrecitos, con el calor que hace y quién sabe desde dónde vendrán en busca de su bañito. Los pajaritos ya vencidos porque el agua no apareció por ninguna parte, en fin se fueron...

A partir de ese día, en consideración con esos amables y graciosos visitantes, la señora, dejaba durante más tiempo el agüita para que los pajaritos pudieran refrescarse en forma tranquila...

Fueron incontables las visitas y como la niña estaba pendiente, algunas veces lograba verlos y en otras, sólo encontraba el piso mojado con el mundo de gotas que habían esparcido...

Pequeño. Las mascotas son para siempre

Pequeño se llama el perrito de Luciana. La familia decidió cambiar de residencia; todos habían estado empacando sus pertenencias, muy solícitos. Pequeño, la mascota de Luciana, comprendió y tal vez pensaría que lo podrían dejar abandonado, por consiguiente, se le vio inquieto, asustadizo y depresivo. Ante esa inusitada actitud del perrito, Lily y Gilberto, los papás de Luciana le dijeron: -"Hijita, conversa con Pequeño, dile que sí nos cambiaremos de casa y que él también se irá con nosotros, que de ninguna manera lo vamos a abandonar".

Luciana asumió bien el rol de ama, lo alzó con cariño, lo cubrió de besos, lo acunó en su regazo y le platicó así: -"Pequeño, te queremos mucho, te irás con nosotros, no te preocupes, me haré cargo de ti, tranquilito". Lo abrazó de nuevo muy fuerte y le susurró al oído, "siempre estarás con nosotros, cariño".

Inmediatamente, Pequeño cambió de caminado, levantó la carita, batió la colita, quería correr y jugar, buscó el platico de la comida, tomó agua y luego encontró uno de los juguetes preferidos, se entretuvo un rato y después, ya algo cansado, se quedó profundamente dormido, como lo hacen los niños pequeños cuando están tranquilos...

Si los animales pudieran hablar, con seguridad nos harían sonrojar y aprenderíamos muchas lecciones de amor y de convivencia.

Contenido

CARMEN CECILIA DIAZ DE ALMEIDA

Autora, Investigadora y artista colombiana.

Promotora de la Tradición y Cultura colombiana

Ha publicado 36 libros de cultura, tradición y sabiduría popular colombiana.

Reconocida por la UNESCO y la Gobernación de Santander, por sus aportes e investigaciones para conservar y transmitir la tradición oral, sabiduría y folclor colombiano, despertando el sentimiento de identidad, continuidad y así promover el respeto a la diversidad cultural y creatividad humana.

Intelectual comprometida con la Docencia-Educación y la Investigación de la Tradición Oral y Cultura en la región de Piedecuesta, Santander. Asesora en Universidades, Conferencista y Radio-locutora.

Realizó estudios profesionales de Historia de Colombia en la Universidad Industrial de Santander UIS, de Filosofía y Letras en la Universidad de Santo Tomás de Aquino, de Español y de Literatura en la Universidad de Pamplona.

Hizo sus estudios primarios y secundarios en el Colegio de La Presentación de Piedecuesta y en la Escuela Normal Superior de Bucaramanga, allí obtuvo el título de Maestra Superior. Está casada y tiene dos hijos.

Colección Tradición Oral Colombiana:

A calzón quitao (1992)

Los pregones de mi pueblo (1994)

El Trabalengüero (1997)

Cuentos de miedo (1998)

Cualquier parecido es mera coincidencia (1999)

Creencias y costumbres de mi pueblo (2001)

Refranes, coplas y adivinanzas para niños (2016)
Más decires de mi pueblo (2017)
Cuentos de Miedo – Spanish/English Version (2017)
El cuaderno viajero (2018)

Sabiduría Popular Colombiana:
Secretos caseros de nuestras abuelas (1990)
Piedecuesta, Mi patria Chica (1995)
Bucaramanga, señorial y bella (1995)
El trajín de la crianza (2000)
Creencias y costumbres de mi pueblo (2001)
Escritores de la Villa de San Carlos del Pie de la Cuesta (2003)
Santander (2004)
Recuerdos de mecedora (2008)
Escuela de economía doméstica (2018)

Colección Vivencias:
Los sentimientos no se compran en la tienda (2003)
Mensajes para fechas especiales (2004)
Sentir, asombrarse y vivir (2005)
Trocitos de paz (2005)
Las siete gracias de la felicidad (2010)
El poder del pero (2011)
Retratos de muchas Infancias (2020)

Colección de Cívica y Urbanidad:
El señorío se aprende en Casa. Civismo, buenas costumbres y etiqueta (2008)

Colección Poemas:
A través de la luz (2002)

Colección de cuentos:
El espantapájaros que tenía corazón (2003)

Libros publicados por la Editorial San Pablo:
Refranes y otras cosas de la ilustre Villa del Garrote (1984)
Comunícate (1992)
Secretos manuales para embellecer el hogar (2001)
Cuentos para niños de 1 a 100 años (2005)
No pierda el impulso (2005)
Un mensaje para mí (2006)